AF316891

LE RENOUVELLEMENT

DES

CONSEILLERS GÉNÉRAUX

SORTANTS

GRENOBLE

IMPRIMERIE ET LITHOGRAPHIE VEUVE RIGAUDIN

8, rue Servan, 8

—

1877

LE RENOUVELLEMENT

DES

CONSEILLERS GÉNÉRAUX

SORTANTS

GRENOBLE

IMPRIMERIE ET LITHOGRAPHIE VEUVE RIGAUDIN

8, rue Servan, 8

1877

Tout le monde sait que, d'après la loi du 10 août 1871, qui forme le Code des conseils généraux, les membres de ces assemblées sont nommés pour six années et renouvelés par moitié tous les trois ans ; que, pour établir ce roulement triennal, une moitié des membres de chaque conseil fut, après le renouvellement général de 1871, exceptionnellement désignée par le sort pour sortir au bout de trois ans, c'est-à-dire en 1874, l'autre moitié devant aller jusqu'en 1877, terme des six ans ;—et on s'attendait cette année à voir procéder à des élections pour remplacer, à la session d'août 1877, les membres de la série sortante, formant la seconde moitié des élus de 1871 ; — lorsqu'on a lu, non

sans étonnement, la note suivante dans le *Journal officiel* du 4 juillet courant :

Aux termes de la loi du 10 août 1871, la session des conseils généraux s'ouvrant le premier lundi qui suit le 15 août, a pour objet
principal :

1º Le répartement, entre les arrondissements, du contingent des
contributions directes assigné au département par la loi annuelle de
finances ;

2º La décision sur les propositions de dégrèvement faites, s'il y a
lieu, par les conseils d'arrondissement ;

3º Le vote des centimes additionnels à ajouter, dans les rôles, au
principal des contributions directes, pour constituer les recettes du
budget départemental, afin d'assurer le paiement tant de ses emprunts
que de ses dépenses ordinaires et extraordinaires ;

4º Le vote du budget départemental pour l'exercice suivant, eu
égard au montant présumé des recettes résultant du produit des centimes additionnels.

Mais la Chambre des députés ayant refusé de voter la loi des contributions directes avant sa séparation, les conseils généraux seront dans
l'impossibilité de remplir leur mandat dans leur session légale ordinaire, puisque, ne connaissant pas le contingent assigné à leur département, ils ne peuvent ni en faire le répartement entre les arrondissements, ni voter les centimes additionnels à ajouter à ce contingent
pour constituer les recettes du budget départemental, ni savoir à quel
chiffre s'en élèvera le montant, qui dépend de celui du contingent, ni,
par conséquent, délibérer le budget en recettes et en dépenses, puisque le principal élément pour sa formation leur ferait défaut.

Par la même raison, les préfets sont dans l'impossibilité de prépa-
rer les propositions budgétaires à soumettre aux conseils généraux,
et les conseils d'arrondissement de délibérer sur le sous-répartement
du contingent de l'arrondissement entre les communes.

La session d'août ne peut donc avoir l'objet prescrit par la loi, et il
sera nécessaire d'en avoir une autre avant la fin de l'année.

Dans ces conditions, le gouvernement a jugé qu'il était inutile de procéder au renouvellement dès membres de la série sortante avant l'expiration des six années, qui sont le terme légal de leur mandat, et avant les élections législatives.

Il est manifeste que, la loi des contributions directes n'ayant pas été votée, les questions qui en sont le corollaire et qui tombent dans les attributions des conseils généraux ne pourront venir cette année à leur session d'août ; ce qui nécessitera une session supplémentaire, après le vote ultérieur de la loi. Ce n'est pas une raison pour dire, en termes absolus, comme fait la note officielle, que *la session d'août ne peut avoir l'objet prescrit par la loi*. Si importantes que soient les questions budgétaires qui ne pourront venir à cette session, dont elles n'occupent qu'une part assez minime, il lui restera la masse des affaires départementales qui exigent beaucoup de soins, beaucoup d'études, beaucoup de temps, et qui prennent toujours la très-grosse partie de la session.

Aussi, la note officielle ne dit-elle pas que la session d'août sera ajournée, ce qui ne pourrait, d'ailleurs, avoir lieu qu'en vertu d'une loi. Elle se borne, dans son paragraphe final, à conclure en ces termes :

Dans ces conditions, le gouvernement a jugé qu'il était inutile de procéder au renouvellement des membres de la série sortante avant l'expiration des six années qui sont le terme légal de leur mandat, et avant les élections législatives.

In caudâ venenum... Le gouvernement aura *jugé* que les élections départementales seraient une préface dangereuse pour les élections législatives.

En dehors de cette considération, en effet, et avec toute la déférence qui peut être due à la logique officielle, on ne voit pas comment, des prémisses par elle posées, peut découler la conséquence qu'elle en tire.

Les questions budgétaires ne pourront pas venir. Soit. Ce pourrait être un motif de retarder la session. Mais on ne le fait pas, et la loi s'y oppose. Ce qu'on ajourne, ce sont les élections de la série sortante. C'est-à-dire que la session d'août aura lieu avec le concours, non de membres nouveaux élus, mais de ceux dont les pouvoirs seront expirés.

La déduction logique, on le voit, manque tout à fait. Seulement, on tombe dans une autre illégalité qui consiste à ne pas renouveler les membres sortants, et à les faire siéger après l'expiration de leur mandat.

Il est vrai que, pour masquer cette illégalité, l'*Officiel* ajoute qu'il est *inutile* de procéder au renouvellement avant l'expiration des six années, terme légal du mandat ; ce qui signifie apparemment que, les membres sortants ayant été élus en octobre 1871, leurs pouvoirs vont jusqu'en octobre 1877.

Mais, s'il en était ainsi, l'époque du renouvellement n'étant pas arrivée, le gouvernement n'aurait pas à *juger* que, *dans ces conditions*, il est *inutile* d'y procéder ; ce qui fait supposer que, *dans d'autres conditions*, il aurait pu *juger* le contraire. Il y a là, en effet, une question de pure légalité et non d'appréciation réservée au gouvernement. L'époque du renouvellement est-elle arrivée ? Le gouvernement a l'*obligation* d'y faire procéder. Que si, au contraire, le moment n'est pas venu, il suffit de l'attendre ; et l'avis de l'*Officiel* ne se comprend pas, il n'a aucune raison d'être.

Aussi l'impression première est-elle, en lisant cet avis, que, préoccupé des élections législatives, le gouvernement retarde arbitrairement celle des conseillers généraux ; et cette impression se confirme, il faut le dire, et arrive à la conviction, si on veut bien étudier quelque peu la loi sur les conseils généraux.

Il est très-vrai, toutefois, que, d'après l'article 21, les conseillers généraux sont nommés pour six ans. Mais ceci doit s'entendre de six exercices annuels, et non de six années, date pour date, d'après le calendrier. L'économie de la loi le démontre clairement.

L'article 23 dispose que les conseils généraux ont chaque année deux sessions ordinaires. L'une, qui est la plus importante et dans laquelle sont délibérés le budget et les comptes, s'ouvre de plein droit le premier lundi qui suit le 15 août. Sa durée *maximum* est d'un mois. Elle ne peut être retardée qu'en vertu d'une loi. L'autre ne peut excéder quinze jours ; et, d'après une loi postérieure, elle commence le second lundi après Pâques.

Par exception, d'après l'article 93, la session d'août pour l'année 1871 n'eut lieu qu'à la fin d'octobre. La raison en fut qu'elle n'avait pu venir plus tôt, la loi qui a organisé les conseils généraux n'ayant été votée que le 10 août précédent, et les élections n'ayant été faites qu'au commencement d'octobre. Mais cette session, *en retard*, fut considérée comme remplaçant celle qui n'avait pu avoir lieu en août. Ce fut son caractère légal. Tous les objets dévolus à la session d'août y furent délibérés. Elle compta pour la première session de la première année.

On voit par là que si bien les conseillers généraux sont nommés pour six ans, ils ne peuvent cependant avoir que deux sessions ordinaires chaque année, soit douze sessions pour les six années. Seulement, la première année est censée avoir commencé au mois d'août 1871, puisqu'elle a compris la session d'octobre, tenant lieu de celle qui n'avait pu venir en août.

Dans l'économie de la loi, chacun des six exercices, ou des six années, commence par la session d'août inclusivement. Celle de Pâques vient la seconde, et l'exercice finit à l'ouverture de la session d'août suivante.

C'est ainsi que, d'après l'article 25, le conseil général, chaque année, à l'ouverture de la session d'août, nomme son bureau, président, vice-présidents, secrétaires, et que leurs fonctions durent jusqu'à la session d'août de l'année suivante.

Il en est de même de la commission départementale qui, d'après l'article 69, est nommée chaque année à la fin de la session d'août, et qui, d'après l'article 79, clôt son mandat par le rapport qu'elle fait à l'ouverture de la session d'août suivante.

C'est là une délimitation manifeste des exercices annuels entre eux. Elle montre clairement que chaque exercice, commençant par la session d'août, continue par celle de Pâques, sans comprendre la session d'août suivante. Chaque période de 3 ou de 6 ans comprend 3 ou 6 sessions d'août, autant de sessions de Pâques, et finit à l'ouverture de la session d'août suivante. D'où la nécessité de faire le renouvellement aux approches de cette nouvelle session d'août, pour y installer la nouvelle série, en remplacement de celle dont les pouvoirs expirent.

Et il faut qu'il en soit ainsi.

En effet, à la session d'août, tous les membres ont encore au moins une année devant eux, et alors c'est sur l'ensemble de tous ces membres que le conseil peut porter ses choix pour la nomination de son bureau et de la commission départementale, dont les pouvoirs doivent durer une année. Les dispositions de la loi s'harmonisent ainsi entré elles dans leur application. Que si, au contraire, le renouvellement devait arriver après la session d'août et avant celle de Pâques, tous les membres composant la série sortante, n'ayant plus que peu de temps à vivre, seraient par là même forcément exclus des choix du conseil, qui ne pourrait plus porter ses votes que sur la moitié non renouvelable. Et il y aurait cette autre anomalie que les membres à renouveler concourraient à la nomination d'un bureau et d'une commission départementale pour le temps où ils ne seraient plus. La loi ne mérite pas le reproche d'avoir commis de pareilles absurdités.

On pourrait continuer la démonstration par une plus ample étude de la loi. Mais, sans insister davantage, voyons ce qui s'est passé au renouvellement triennal de 1874.

Bien que les membres alors sortants eussent été, eux aussi, élus en octobre 1871, personne ne prétendit qu'ils dussent aller jusqu'en octobre 1874, et siéger, par conséquent, à la session d'août de cette année. Tout le monde reconnaissait qu'ils devaient être renouvelés, pour cette session d'août 1874, par des élections précédant cette session. Seulement, il arriva que, le 7 juillet de la même année, l'Assemblée nationale vota une loi prescrivant la confection de nouvelles listes électorales. Comme ces listes ne pouvaient être achevées en temps utile pour faire, en vue de la session d'août, le renouvellement de la série sortante, l'Assemblée nationale, comprenant que cette session d'août n'appartenait pas aux membres sortants, mais à ceux à élire, vota, le 30 juillet de ladite année 1874, une loi qui ajourna la session du mois d'août, pour permettre, dans l'intervalle, de dresser les listes et de procéder aux élections en renouvellement des conseillers sortants.

L'article 1ᵉʳ de cette loi est ainsi conçu :

La prochaine session ordinaire des conseils généraux du département, qui devait s'ouvrir le 17 août, est ajournée jusqu'à ce qu'il ait pu être procédé au renouvellement triennal de ces assemblées sur les listes électorales dressées en exécution de la loi du 7 juillet 1874. Elle s'ouvrira le 19 octobre prochain.

Ainsi, c'est par une loi de l'Assemblée nationale qu'il a été reconnu que la session d'août 1874 n'appartenait pas à la troisième année des conseillers généraux élus en octobre 1871.

Comment pourrait-on prétendre que la session d'août 1877 appartient à la sixième année?

Comment des conseillers élus pour six ans, alors que chaque année ne comprend que deux sessions ordinaires, pourraient-ils légalement siéger à une treizième session ?

Comment, quand la loi a fixé elle-même le point de départ et le terme de chaque exercice annuel, en disant qu'à chaque session d'août seront nommés le bureau et la commission départementale pour fonctionner jusqu'à la session d'août suivante, pourrait-on admettre que cette organisation puisse être bouleversée par un renouvellement venant dans le cours de l'exercice, c'est-à-dire avant le moment où il approche de son terme ?

La conséquence se déduit rigoureusement.

En ne faisant pas procéder aux élections avant la session d'août 1877, le Gouvernement commet une illégalité grave.

Qu'en adviendra-t-il et que feront, à la session d'août, les membres de la série sortante ?

Consentiront-ils à siéger malgré l'expiration de leurs pouvoirs ?

Il ne nous appartient pas de le prévoir et encore moins de le dire.

Ce que l'on peut affirmer, c'est que la situation est de nature à susciter chez eux les plus graves, les plus légitimes, les plus anxieuses préoccupations.

Espérons que, dans leur sagesse et leur patriotisme, ils sauront trouver les moyens de conjurer les conséquences de la situation anormale, irrégulière et illégale qui leur aura été faite.

Quoi qu'il en soit, il appartient à tout membre des conseils généraux de protester avec toute l'énergie de sa conscience froissée contre une illégalité qui atteint directement ces conseils dans leur organisation, dans leur fonctionnement, et qui, dans un but électoral, jette le trouble dans les esprits et menace d'apporter le désordre et la désorganisation dans les intérêts départementaux.

Grenoble, 20 juillet 1877.

Aug. ARNAUD, *avocat,*

Membre sortant du Conseil général de l'Isère.

———————— ✳ ————————

Grenoble. — Imprimerie Vᵉ RIGAUDIN, 8, rue Servan.